# LE TRIOMPHE
## DES MVSES,
## A MONSEIGNEVR
## LE CARDINAL
## DVC DE
## RICHELIEV.

Poëme François du Sieur COLLETET.

Traduit en Latin, par le Sieur DE LA ROCHEMAILLET.
Et en Italien, par le Sieur CAMOLA.

### QVATRIESME EDITION.

### A PARIS,
Chez la Veuve IEAN CAMVSAT, ruë Sainct Iacques
à la Toison d'Or.

---

### M. DC. XL.

# LE TRIOMPHE
## DES MVSES,
## A MONSEIGNEVR
## LE CARDINAL
## DVC DE
## RICHELIEV.

DONC ce grand Cardinal que le Tybre desire,
Que la Seine retient, que tout le monde admire,
RICHELIEV, dont l'Esprit penetre l'Vniuers,
Est épris de la Muse, & rauy de nos Vers!
Et par vne faueur digne de son courage,
Enfin la recompense égale nostre ouurage!
Quand j'aurois iusqu'icy d'vn profane dessein
Estouffé cette ardeur qui m'eschauffe le sein;
Quand les Sœurs d'Apollon, comme ingrates Maistresses,
M'auroient tousiours trompé de leurs vaines promesses;
Quand j'aurois éuité leurs eaux & leurs rochers,
Comme vn écueil funeste aux plus hardis Nochers;

A ij

Auiourd'huy qu'on leur rend leur gloire legitime,
Mon silence obstiné passeroit pour vn crime.
Ie veux plus que deuant frequenter leurs deserts,
Estre plus attentif à leurs doctes concerts,
Obseruer de plus pres leur dance, & leur mystere,
Me posseder moy-mesme, estre plus solitaire,
Auoir tousiours l'Esprit attaché dans les Cieux,
Et quitter les Mortels pour ne voir que des Dieux.
 Nymphes, de qui les vers forcent les Destinées,
Qui fustes en naissant de gloire couronnées ;
Immortelles Beautez, dont les saintes Chansons
Seront à l'aduenir mes vniques leçons ;
Agreables obiets de ma melancholie,
Muses, quittez vn peu les eaux de Castalie,
Abandonnez ces Monts, de qui l'antiquité
Ne conserue qu'à peine vn reste de beauté ;
La Grèce n'a plus rien de fameux ny de rare,
Son air comme son Peuple est deuenu barbare ;
Le Temps de qui la faulx tranche eternellement,
Qui n'a rien d'asseuré que le seul changement,
Qui communique à l'vn ce qu'il rauit à l'autre,
Qui du bon-heur d'autruy veut composer le nostre,
A renuersé l'Autel qu'il auoit estably,
Et changé vostre Source en vn Fleuue d'oubly.
 Venez donc maintenant sur les bords de la Seine ;
Vous y verrez des eaux, dont la fertile veine
Traisne au lieu de grauiers tant de perles & d'or,
Que la Grèce n'a point de si riche thresor.
Icy plus que iamais vous serez implorées,
Des Grotes, des Forests vous seront consacrées ;

Où d'vne ame contente, & libre de soucy;
En receuant du bien vous en ferez aussi.
Icy par vn bon-heur que le Ciel nous octroye
La Paix fonde son Throsne au milieu de la joye;
Tellement qu'à l'abry des iniures du Sort
Vous n'y verrez iamais ny de sang ny de mort,
Si ce n'est quand les traits d'vne Nymphe qui chasse
Du carnage des Cerfs ensanglante la place.
Icy tout est couuert de guirlandes de fleurs,
Où l'Art de la Nature a mis tant de couleurs,
Que celuy qui les void si viues & si belles,
Croid voir vn nouueau Ciel plein d'Estoilles nouuelles;
Venez donc de ces Fleurs vos fronts enuironner,
Quels plus riches Lauriers vous peuuent couronner?

 O combien vostre ardeur charme ceste belle Ame,
De qui la Pourpre éclate autant que vostre flâme!
Que vostre Chœur luy plaist! & qu'il s'estime heureux
D'écouter vos Chansons dont il est amoureux!
Il ne sçauroit souffrir que les hommes mesprisent
Vn Art que le Ciel aime, & les Dieux fauorisent.
Autant qu'il vous honore, il cherit vos Enfans;
C'est par luy qu'on les void dans des Chars triomphans;
Ses puissantes faueurs font qu'vn Prince leur ouure
Les portes de son cœur, & celles de son Louure;
Si bien que c'est par luy qu'on void à ceste fois,
Que les Filles des Dieux sont les Filles des Rois.

 Celebres Fauoris de ces doctes Pucelles,
Qui n'estiment que vous, & qui n'estimez qu'elles;
Lumieres de la Cour, dont le feu sans pareil
N'est gueres moins cognû que celuy du Soleil;

*Esprits plus éleuez que cét Oyseau celeste*
*Qui fuit la terre & l'eau, comme vn seiour funeste,*
*Puisque portez dans l'air d'vn vol audacieux*
*Vous mesprisez la terre & viuez dans les Cieux;*
*Immortels Ennemis des vulgaires pensées,*
*De la fausse Eloquence, & des Rymes forcées;*
*Vous qui grauez les noms dedans l'Eternité,*
*N'estes-vous pas tesmoins de ceste verité?*
*Cét auguste* PRELAT *vous aime, & vous caresse;*
*Il cherit vostre Muse, ainsi qu'vne Déesse*
*Qui par de longs trauaux dignes d'elle & de luy,*
*Le fera voir tousiours ce qu'il est aujourd'huy.*
*Il écarte vos soins, il seconde vos veilles;*
*Aussi d'vn tel effort vous chantez ses merueilles,*
*Qu'vn iour on doutera, parlant de* RICHELIEV,
*Si c'est le nom d'vn homme, ou bien celuy d'vn Dieu.*
*Combien d'autres Esprits embrasse-t'il encore?*
*Iamais leur docte voix au besoin ne l'implore,*
*Qu'accordant sa puissance au sentiment humain*
*Il ne fasse éclatter des thresors dans leur main.*
*Sa diuine splendeur dissipe leurs tenebres;*
*Il les tire de l'ombre, il rend leurs noms celebres;*
*Et par son propre exemple il nous fait auoüer,*
*Qu'il n'est rien de loüable, ou qu'il les faut loüer.*
  *Admire qui voudra les antiques Peintures,*
*Et les vieux monumens des plus rares Sculptures;*
*Qu'on pense que le marbre, & le bronze, & l'airain*
*Puissent forcer du Temps l'empire souuerain.*
*Que chacun à l'enuy maintenant renouuelle*
*Le Cizeau de Phidie, ou le Pinceau d'Apelle;*

*Quelques charmes secrets qu'ils se vantent d'auoir*
*Pour arrester nos yeux, & pour les deceuoir,*
*Ce n'est rien à l'égal de la force d'vn Liure,*
*Qui peut dans le cercueil faire vn homme reuiure.*
*Les plus beaux de leurs traits ne sçauroient exprimer*
*La moindre qualité qui le faisoit aimer;*
*Le Tableau n'émeut point, la Figure est muette,*
*L'Art de nous émouuoir n'appartient qu'au Poëte.*
*Quelque vertu des Morts qui viue en l'Vniuers,*
*Elle doit sa durée au merite des Vers.*

 *Ainsi ces grands Heros que tout le monde prise*
*Pour auoir puissamment combattu dedans Pise,*
*Qui couronnoient leurs fronts de ces pâles rameaux*
*Qu'Athenes vid fleurir sur le bord de ses eaux;*
*Bien que leurs actions fussent lors si connuës,*
*Que le bruit en volloit iusqu'au dessus des nuës;*
*Si Pindare n'eut point leur merite vanté,*
*On croiroit justement qu'ils n'auroient pas esté.*
*C'est par luy qu'on les void encor dans la carriere*
*Eleuer sous leurs pas de noirs flots de poussiere,*
*Précipiter le cours d'vn Cheual furieux,*
*Conduire auec adresse vn Char ambitieux,*
*Lancer le Iauelot, lutter dessus l'areine,*
*Et de Cestes rompus couurir toute la pleine;*
*Et comme leur courage a r'emporté le prix,*
*Il r'emporte l'honneur dessus les beaux Esprits.*

 *Ainsi ce Conquerant, ce grand Foudre de guerre*
*Qui peuploit les Enfers, & desertoit la Terre,*
*Qui iusques dans l'Afrique estendant son renom*
*En ruina l'Empire, & s'en acquit le Nom;*

*Quoy qu'il eust le bon-heur & la force en partage,*
*Qu'il eust humilié l'orgueilleuse Carthage,*
*On ne connoistroit point tant de rares effets*
*Sans la Muse qui dit les actes qu'il a faits.*

*La Vertu qui n'a point ny d'Autel, ny de Temple,*
*Qui demeure dans l'ombre & ne sert point d'exemple,*
*Est comme vn beau Soleil qu'vn nuage obscurcy*
*Empesche d'éclairer, & d'échaufer aussi.*
*Sa propre humilité découure sa foiblesse,*
*Elle differe peu de la molle paresse;*
*Le Vice mesme a droict de vouloir l'égaller,*
*Iusqu'à ce que l'honneur la vienne signaler.*

*C'est aux Poëtes seuls qu'appartient ceste gloire;*
*Ils sont Dispensateurs des Thresors de Memoire:*
*Le Feu qui les anime est vn feu si puissant,*
*Que dix Siecles apres on le void, on le sent.*
*Et combien que l'effort d'vne fureur barbare*
*Ait voulu triompher d'vne chose si rare,*
*Que l'Ignorance mesme ait de tout son pouuoir*
*Essayé de ternir le lustre du Sçauoir;*
*On void briller encor de si diuines flâmes:*
*Ce qui touchoit Auguste émeut encor nos Ames;*
*Et son siecle n'eut rien de beau ny de luisant,*
*Qu'on ne le voye encore éclater à present.*
*C'est ainsi que des Dieux les Ministres supresmes*
*Eternisant autruy s'éternisent eux-mesmes.*

*Throsnes, Pourpre, Grandeurs, qui vous prise comme eux?*
*Vous estes l'entretien de ces Esprits fameux;*
*Ils dedaignent tousjours les Ames abaissées,*
*Comme indignes objets de leurs hautes pensées.*

*Si quelque bas objet leur inspire des vers,*
*Apollon ne les void que d'vn œil de trauers;*
*Leur ouurage en naissant ne cause point d'enuie;*
*Vn mépris éternel accompagne leur vie;*
*Quoy que face leur Muse, on la void auorter,*
*Et ne peut du Soleil la splendeur supporter.*

*Mais comme vn bel Esprit emprunte sa lumiere*
*Du merite, & du prix d'vne riche Matiere:*
*Aussi les grands Heros pour chanter leurs exploits*
*Triomphent doublement, s'ils ont fait vn bon choix.*
*Ils doiuent discerner le Ciel d'auec la Terre,*
*L'Eclat des Diamans du faux lustre d'vn verre,*
*Les Fleuues orgueilleux d'vn Ruisseau languissant,*
*Les Lauriers tousiours verds du Saule pallissant;*
*Et de tant d'Escriuains éleuant les plus dignes,*
*Empescher les Corbeaux de s'égaler aux Cygnes;*
*Qui produisent des airs aussi melodieux,*
*Que les cris des Corbeaux sont des cris odieux.*

*Toy qui sçais discerner nos Sciences infuses,*
*De ces basses Chansons qui desplaisent aux Muses;*
*Toy pour qui leurs Thresors m'ont esté descouuerts,*
*Fauorable support de la gloire des Vers:*
*Illustre* CARDINAL, *de qui l'Ame accomplie*
*A toutes les vertus dont l'Histoire est remplie;*
*Dont la Fidelité sans tache & sans defaut,*
*Pour la recompenser ne void rien d'assez haut:*
*Tandis que loin d'icy sur les bords de la Meuse*
*Tu t'en vas recueillir vne Palme fameuse;*
*Et que suiuant de pres ce Monarque puissant,*
*Dont l'heur fait trembler l'Aigle, & pâlir le Croissant,*

R

Tu vas ioindre à nos Lys la Pomme de l'Empire,
Souffre que je te die où mon courage aspire.
   Si les soins assidus que tu rens à ton Roy,
Si le bruit du Canon qui gronde autour de toy,
Si le son des Tambours, & celuy des Trompettes,
Te permettent d'oüir les Chansons des Poëtes;
Apres tous ces beaux Airs, dont les doctes accens
Publierent ta gloire, & rauirent tes sens;
De grace enten ces Vers, que d'vne voix hardie
Comme à son Apollon ma Muse te dedie.
   Si ce Present n'a point de charmes assez doux,
Honteux de ce deffaut, ie te l'offre à genoux.
Tel qu'il est, RICHELIEV, croy que ce juste hommage
N'est que l'Auant-coureur d'vn plus parfaict Ouurage.

                           COLLETET.

# MVSARVM TRIVMPHVS,
### AD EMINENTISSIMVM CARDINALEM DVCEM RICHELIVM.

Ex Gallico V. C. Guillelmi Colletet I.

# EMINENTISSIMO CARDINALI DVCI RICHELIO.

VT Musas tibi Gallico Colleteti Poëmate Triumphantes Romano curru inueherem, cùm Auctoris moueret ingenium, inuitaret materia, excitaret acclamantium plausus; coëgit certè tuum, Cardinalis Eminentissime, iudicium: qui audito lectóque semel & iterum Carmine non solùm opus probasti, & quod maius est, laudasti Poëtam absentem; sed etiam à te tanquam à Ioue Mercurius antro Thespio succedens, hominem imò Apollinem salutauit, & neque cogitanti tuo nomine gratulatus est, comitata Triumphum largitione. Quidni placeat quod tali calculo probatum est? An verò pro dignitate argumenti Latina verborum incedat maiestas, tuum quoque, si vacat, id est omnium esto iudicium.

RENATVS MICHAEL
de la Rochemaillet, Parisinus.

# MVSARVM TRIVMPHVS,
## AD EMINENTISSIMVM
# CARDINALEM
## DVCEM
# RICHELIVM.

ERgo quem votis exoptant Tybridis vndæ,
Sequana sed melior retinet, quē suspicit Orbis,
Omnia RICHELIVS rimans penetralia rerum,
Musarum pallet studiis, & Carmina curat!
Ergo fauoribus haud indignis pectore tanto
Præmia succedunt nostro tandem æqua labori!
  Quamuis consilio mihi mens illusa prophano
Hactenus inclusos vetuisset Apollinis ignes
Prodire in lucem è latebris; me perfida quamuis
Turba nouem Aonidum spe prolectasset inani,
Parnassique vndas prudens & inhospita saxa

Cauissem, intrepidis ceu certa pericula nautis:
Iam nunc vela darem ventis, cùm debita laurus
Redditur, & longo merces pòst tempore venit.
Castalios fontes quàm sæpiùs antè solebam
Haurire est animus, tacitum iuuat ire sub vmbras,
Nympharumque videre choros, cantusque notare
Cum numeris, atque his rebus curisque solutum
Cœlo inferre caput sublime, Deisque fruisci.
 At vos æterno redimitæ tempora flore,
Nobilior Diuûm sanguis, decora addita cœlo,
Doctæ Pierides, quibus haud metuentia fatum
Carmina decurrunt, & queis sententia Vati
Stat vestro cytharam solis tentare magistris;
Deserite Æmonios amnes & flumina nota,
Pimplæasque procul rupes, Cirrhæaque templa,
Quæ veteris vixdum seruant vestigia formæ.
Graio nulla solo celebri miracula famâ
Sollicitant animos, & iam regionibus illis
Barbaricæ vtuntur gentes cognomine cœlo.
Omnia quinetiam resecet cùm falce recurua
Tempus edax, fixum hoc & non mutabile in vno,
Alternas mutare vices, soleatque repentè
Vnius solium alterius reparare ruinâ,
Euertit quas quondam illic sacrauerat aras,
Virgineasque vndas Lethæo flumine damnat.
 Huc ô ferte pedem, Diuæ, quà Sequana ripis
Mollibus alludens, omni fœlicior amne,
Distinctas gemmis atque auro voluit arenas:
Hîc antra, hîc siluæ, hîc positis altaria templis,
Numina vestra manent plenâ fumantia acerrâ,

Vnde acceptus honos vestrorum in commoda vertat.
His æterna locis Pax grato munere Diuûm,
Mille iocos inter lususque & gaudia mille,
Fundamenta locat mansuræ in sæcula sedi.
Ergo metu procul omni, nusquam cæde madentes
Cernetis campos, nisi cùm succincta pharetram
Fixit aprum Nymphe, mediaque extendit arena.
Sponte sua natos viridi de cæspite flores
Hîc tam multiplici pingit variatque colore
Naturæ ingenium ludentis, vt astra videri
Iam noua posse putes alio fulgentia cœlo.
Frontibus ex illa nectetis messe coronas,
Decedat quibus inferior vel Delphica laurus.

 Vos ô præsertim quanto perculsus amore
Huc vocat ARMANDVS! Non illi purpura tantùm
Veste rubet (quanquam radiis totum impleat Orbem)
Quantâ intus vestri flagrat sub pectore flammâ:
Olli deliciæque & lenimenta laboris
Estis Atlantæi, & grauibus solatia curis.
Atqui nec patitur charam Cœlestibus Artem
Spernere mortales vsquam, vobisque Camœnis
Qualis honos, talem vestri retulere Poëtæ.
Sublimes in equis, aureóque Lutetia gaudens
More triumphantum curru prospectat euntes:
Hos LVDOVICVS amat, necnon penetralibus altis
Excipit, & fit idem Regum genus atque Deorum.

 Prima Puellarum, ô Proceres, & maxima cura
Castalidum, sacri Mystæ, fœlicia Gallis
Sidera, iam vel Sole minùs non cognita mundo;
O qui præpetibus liquidum super æthera pennis

Sublati, æquor despicitis terrásque iacentes;
Qualis ab Eois qui nuper cognitus Indis
Ales, Cœlestem nostri cognomine dicunt,
Arbore non vllâ sidit, vestigia nusquam
Signauêre solum, vsque adeò contagia terræ
Vitat, & alta petens vnis (mirabile dictu)
Diuinum os aperit ventis & vescitur aura.
Vulgares sensus & humi repentia verba,
Et praui fucum eloquij, versúsque coactos
Exosi, famam æterno transmittitis æuo;
Vos huc appello testes mihi vera loquenti
Quotquot habet charos, totísque amplectitur vlnis
Nobilis Antistes, quorum celebrante Camœna,
Quæ veterum longè laudem supereminet omnem
Gloria RICHELII, hanc ipsam post sæcula mille
Posteritas olim accipiet, gratamque fouebit,
Diuinósque Viro diuino impendet honores:
An quisquam vestrûm generoso à Principe frustrà
Implorauit opem? doctíve in fronte libelli
Præposuit Nomen tantum, quin protinus ipsi
Ornata ingenti manus irradiauerit auro?
Obscurâ emergunt vmbrâ cæcísque tenebris
Innumeri vates ad tanti lumina Solis
Conspicui, meritóque ingrata ab gente reposcunt
RICHELIO demùm rediuiuam vindice laudem.

 Suspiciant alij antiquos in imagine vultus,
Aut quas spirantes fudit Statuaria formas;
Æra vetustatem longæuam & marmora vincant;
Hic scalprum laudet Phidiæ, hunc delectet Apellis
Peniculum; imò verò aliquis conetur vtrumque

Arte

Arte sequi, audax ingenio fidensque iuuentâ:
Quælibet illudant delinimenta colorum
Spectantes oculos, mensque eminus hæreat anceps,
Spirétne effigies auram vitaque fruatur;
Illa tamen tenui cedunt monumenta libello.
Non potis ingenij dotes Pictura referre,
Virtutemque animi Sculptor non marmore signat,
Nec mouet affectus Tabula, aut immobile saxum.
Ars diuinitùs hæc vni concessa Poëtæ.
Si qua viget veterum latè diffusa per orbem
Gloria, par nulli vis culti Carminis ista est.
 Sic ab Olympiaco Eleis certamine campis
Magnanimi heroës ramis pallentis oliuæ
Victricem euincti frontem, licet astra ferirent
Vertice sublimi, virtutumque inclyta fama
Inde omnes mundi sese perferret in oras;
Hos vixisse tamen nota vix foret vlla superstes,
Si non grandiloquo celebrasset Pindarus ore.
Illi nunc etiam caueâ plaudente videntur
In cursum effusi pedibus præuertere ventos;
Vibrare hic telum, hic cæstus aptare lacertis;
Alter equo ardenti totas immittere habenas;
Pars curru inuecti bijugo per aperta ruente
Præcipites spatia, euitatas axe volucri
Prætereunt cursu metas flexúque secundo:
Fit strepitus campis, puluis volat ater ad auras,
Famæ igitur tantum restat Victoribus illis,
Quanto floret adhuc pecten Dircæus honore.
 Sic gemini, Libyæ exitium, duo fulmina belli
Scipiadæ, ingentes muros Carthaginis altæ,

Quæ dominæ fasces inuiderat æmula Romæ,
Funditùs eruerint frustrà, ipsis Africa nomen
Victa suum frustrà dederit geminósque triumphos,
Cunctáque nobilium densis immersa tenebris
Fortia facta ducum exciderint, nisi Carmine viuant,
Seráque mandarit libris in sæcula Clio.
  Cui non erigitur templum, aut altaria pingui
Thure calent, vmbrísque latet non cognita Virtus,
Hæc puro similis Phœbo, cui nubila frontem
Spissa tegunt, solita illum lux & flamma reliquit:
Desidiâque parùm, si celas, distat inerti.
Huic quoque se vitium nisu conferre nefando
Audeat, è latebris ni Vates asserat vltor.
  Scilicet hæc propria est sacrorum gloria Vatum.
Grandia Mnemosynes dispensant munera, & ignis
Intus agens ipsis circum præcordia, claustris
Erumpens latè decies centum ampliùs annos
Fulgurat illucetque Orbi: non Barbarus illum
Diluuio immiti exundans extinxerit hostis,
Non tenebrosâ obduxerit Ignorantia pallâ,
Turpata horribilem nigrâ caligine vultum.
Obstantes radiis diuina Scientia findit
Seclorum nebulas; & quæ placuere sub æuo
Augusti ingentis, iam nunc quoque pectora mulcent,
Nostráque Romanus perstringit lumina fulgor.
Vsque adeò verum est aliorum gesta Poëtæ
Dum memorant, æternam ferre sibi quoque laudem.
  Nusquam alibi meliùs radiatis Sceptra, Coronæ,
Purpuráque insignis Regum, tripléxque Tiara,
Ingens Aoniis Scriptoribus argumentum:

Nempe humiles horrent vitas, imóque iacentes
Puluere; quas operi incœpto si fortè dedere
Materiem indignam, toruùm despectat Apollo;
Ergo quicquid Pieris enitatur, abortum
Infelix patitur, nec lucis prodit in oras;
Aut partus læuo ingressus sub sidere vitam
Nullius inuidiam mouet, & risum excitat Auctor.
   Vt verò ingeniis præstantibus aurea sæpè
Materia omninò pretium lucémque ministrat;
Sic etiam duplici Heroës vicêre triumpho
Ipsi, si factis dignos legêre canendis:
Scilicet experti quanto discrimine Cœlum
A terra distet, vitróque Adamantinus ignis,
Quàm tenuis riuus violento differat amne,
Et lauri virides pallentis fronde salicti:
Delectúque habito furua fuligine tinctos
Se niueis Coruos prohibent componere Cycnis,
Cycnis, qui cantus mulcent dulcedine tantùm,
Quantùm illi raucis clamoribus aëra complent.
   O cui concessum inspiratas cælitùs artes
Exoso penitus Musis dignoscere cantu:
O decus, ô columen rerum, quem propter & antra,
Thesaurósque Deæ mihi reclusêre repostos:
Præcipuum regni robur; quo Cardine florens
Vertitur imperium Gallis; qui pectore in vno
Virtutum genus omne amplecteris; inclyta cuius
Et sine labe fides fortunâ dignior omni:
Dum procul ad Mosam, stipatus milite denso,
Tot palmas veteres lauro cumulare recenti
Pergis, & adglomerans LVDOVICI ingentibus armis,

Formidatum Aquilæ bellum metuendus adornas
Consilio, quo etiam Turcis sua Cornua pallent,
Aureaque in pomum Imperij tria Lilia vergunt:
Ni rerum curæ vigiles, impensáque Regi
Officia auertunt; si inter bellíque tumultus
Armorúmque, vacat Vatum demittere in aures
Carmina, & interdum studio indulgere Camœnæ;
Quanquam aliis dictus toties, & nomen ad astra
Sublatum potiore cheli, hos ne despice cantus,
Atque tuis donum Musæ haud ignobilis aris
Accipiens, cultus neu dedignare minores.
 Si tenuis labor, exiguum si gratia munus
Destituit, veneresque absunt; suffecta pudore
Lumina fixus humi, suspensum postibus altis
Quicquid id est dico, maioris præludia plectri.

DE LA ROCHEMAILLET.

ALL' EMINENTISSIMO, ET
# REVERENDISSIMO
SIGNORE, IL SIGNORE
CARDINALE DVCA
# DI RICHELIEV.

I meriti incomparabili di V. Eminenza, da veritiera fama celebrati in ogni Natione, ben sì conuiene che Sieno fatti palesi in ogni lingua. Vero è che io, benche auido oltre modo mi sia di offerirle, è di consacrarle à V. Eminenza, il mio humilissimo ossequio, con che lei di continuo fra me medesimo diuotamente riuerisco, non sarei stato oso, consapeuole delle forze del mio debole ingegno, di spie'gargli in lingua Toscana; se io non hauessi veduto il nobilissimo Trionfo, onde pur dianzi hanno trionfato le Muse nel soauissimo canto del S. Gvglielmo Colletet, il quale in breue, e mirabil compendio ha saputo quiui ridire in lingua Francese gl'indicibili pregi di V. Eminenza. Come adunque il S. Renato Michele de'la Rochemaillet, valendosi della bella opportunità preparata dal Sign. Colletet, ha potuto rapportare in lingua Latina gli honori singolariſſimi di V. EMINENZA, traducendo in verſi heroici con marauiglioza felicità di ſtile il Triófo predetto, coſi anch' io ho abbracciato la medeſima occaſione, e mi ſono ingegnato di riferire in lingua Toſcana le riuerite glorie di V. EMINENZA, traſponendo in ottaua Rima lo ſteſſo Trionfo. E forſe il mio ſtile auanzando queſta volta ſe ſteſſo ſolleuato ſu' l'ali del mio ardentiſſimo deſiderio, hauerà potuto auuicinarſi all'altezza del ſoggetto. Io per me porto ferma ſperanza, che la ſingolar benignità di V. EMINENZA, ſi degnerà di gradire in queſte mie Rime, qualunque elle ſieno, la mia riuerente diuotione, la quale hora io le dedico. Et à V. EMINENZA humiliſſima mente m'inchino. Di Roma il dì 24. di Maggio 1635.

DI V. EMINENZA,

Humiliſſimo e diuotiſſimo ſeruitore,
GIACOMO FILIPPO CAMOLA.

# IL TRIONFO
## DELLE MVSE,
### ALL' EMINENTISSIMO, ET
## REVERENDISSIMO
### SIGNORE, IL SIGNORE
## CARDINALE DVCA
# DI RICHELIEV.

TRAPORTATO DALLA FRANCESE
nella Toscana Rima.

VNQVE l'Heroë, cui brama il Tebro inuano,
Cui la Senna ritien con lieta sorte,
RICHELIO il Forte, il saggio, il cui sourano
Vanto non teme i fulmini di morte,
Moue sù Cetra d'or l'augusta mano,
E gloria à i sacri Cigni auuien ch'apporte!
Dunque ei rinoua i pregi al Dio canoro,
E comparte à le Muse i nembi d'oro!

*Benchè profano improuido configlio*
*Sopisse nel mio seno i sacri ardori,*
*El Dio del canto inuan con lieto ciglio*
*Mi lusingasse à i nobili furori,*
*E quasi fonti di mortal periglio*
*Temessi d'Elicona i dolci humori;*
*Vorrei, poggiando inuer le piagge amene,*
*Hor anch'io dilletarmi in Hippocrene.*

    *Poiche l'Augusto Heroë paggiar si vede*
*Sù l'erto monte, e i sacri Cigni appreza;*
*Per l'alpestro sentier di nuouo il piede*
*Affretto, e non mi cal d'alpina aprezza,*
*Anch'io, mercè di lui, sù l'alta sede,*
*Pien di nuoua ineffabile dolcezza,*
*Saprò leuarmi al Cielo, e in guise nuoue*
*Goder l'ambrosia, el nettare di Gioue.*

    *Che parlo? e doue io son? Canore Diue,*
*Cui Pindo eccelsa Reggia vn tempo offerse,*
*Sacrò le piagge, e de le' selci viue*
*Aprendo il duro seno, i fonti aperse;*
*Lasciate homai le desolate riue,*
*Scherno del tempo, e de le stelle auuerse,*
*E in queste piagge accolte in nobil chore*
*Coronateui il crin di* GIGLI D'ORO.

    *Hor di pungenti spine, e feri mostri*
*Vie più, che pria di fior, Parnaso abonda;*
*Quiui congiura il tempo à i danni vostri,*
*Mentre barbaro stuol la Grecia inonda:*
*Le sacre selue, e i dilettosi chiostri*
*Velo di mesto horror copre, e circonda,*

E d'Hippocrene il violato Rio
Corre occulto frà i dumi in mar d'oblio.

 Qui scorge à noi d'inessicabil vena
La Senna auuenturosa onde beate,
E con argenteo piè la piaggia amena
Scorre, e splendon le riue auree gemmate:
Di smeraldo è la sponda, e d'or l'arena,
Espiran dolcemente aure odorate.
Qui risuonan le Cetre i vostri vanti,
Qui l'Are fian d'Arabi odor fumanti.

 Qui son gli Allori, e non sarà che manche
Per voi Tempio immortale, eterna sede,
La'ue i denti fatali ò rompa, ò stanche
Il tempo, e speri inuan l'vsate prede.
Qui scorta dal valor de l'armi Franche
Fermò la Pace immobilmente il piede,
Ne s'ode sibilar dardo letale;
Se pur Cinthia non fiede aspro Cinghiale.

 Adorni il sen d'innumerabil fiori
Qui lampeggiano à gara aperti campi,
Né, qualhora di stelle il Ciel s'infiori,
Verrà giamai, ch'al par di luce auampi.
Sembra scherzar Natura, e de' colori
Mesce, e confonde in belle guise i lampi.
E con ordin sì vago vago i prati ingemma,
Che perde in paragon l'Eoa maremma.

 Quali à voi, sagge Dee, preghiere, e quanti
ARMANDO il saggio inuia pegni d'amore!
De' sacri, on d'egli è cinto, augusti ammanti
Non auampa così l'acceso ardore,

Benche de'lampi suoi le fiamme, e i vanti
Gia spieghi oue il sol nasce, e doue more;
Com'ei d'alto disio per voi s'infiamma,
Spiegando adhor' adhor la nobil fiamma.
   Ei de le regie cure al pondo greue,
Ai grandi affar de l'honorato impera
Stanco qua'hor s'inuoli, e spatio breue
Sopisca in seno il feruido pensiero;
Perche à degni diletti il cor solleue,
Spiega di voi cantando il pregio altero:
E gli honori, onde à voi la Reggia aperse,
A i vostri Cigni ancor souente offerse.
   Quinci adiuien, che LODOVICO il Forte,
Giusto, saggio, Magnanimo, & inuitto,
Apre al canoro stuol le regie porte,
E seco il brama à i sommi gradi ascritto.
Facciasi, ô belle Dee, con lieta sorte
Da gli ermi lidi à i GIGLI D'OR tragitto.
Gia par che riuerente il Mondo adori
Fra le Palme di Francia i vostri Allori.
   Spirti sublimi à voi mi volgo, ò voi
A le Castalie Dee dilette menti,
Saggi non men, ch'auuenturosi Heroi,
Viue stelle di Francia, Anime ardenti,
Che da l'vltima Hesperia à i lidi Eoi
Spandete al par del sole i rai lucenti,
E in bella gara di battando l'ali,
Poggiate inuer le piagge alte immortali.
   Qual si mostra l'Augel di Paradiso,
Oue l'Alba apre l'vscio al Dio di Delo,

No'l vide occhio mortale in tronco assiso,
Nè scherzar tra le frondi in verde stelo:
E sembrando fuggir, con saggio auuiso,
De la terra il contagio, ei sale al Cielo:
Volge l'aperta bocca incontro al vento,
E sol da l'aure attende il nutrimento.

 Voi chiamo in testimonio, Anime illustri,
Voi dal Gallico Apollo accolti Cigni,
Cigni, cui nobil canto auuien ch'illustri,
Cui cede il rio tenor d'astri maligni;
Voi che gli honori suoi, con penne industri,
Segnate, e gli atti ancor dolci, e benigni;
Onde lo stuol de' posteri migliori
Ne' vostri fogli ARMANDO il Grande adori.

 Chi supplice di voi l'Heroë sourano
Piegò d'aita, e indarno à lui ricorse?
Forse con lieto cor, con ampia mano,
Con benigno sembiante ei non soccorse?
Chi sudò mai vergando i fogli, e inuano
Sacre à lui sagge note vnqua gli porse,
A cui ratto il Magnanimo non diede
Oltre donuta lode alta mercede?

 Hor de la Senna in sù le verdi sponde
Il porporato Apollo addoppia il giorno,
Oue sacrate à lui note gioconde
Spiega nouello stuol di Cetre adorno,
Che giacque oppresso in tenebre profonde,
E mentre nel sereno almo soggiorno
S'erge in virtù del nuouo sole à l'Etra;
Cia degl'ingrati ad onta il premio impetra.

Altri da saggia man forme nouelle
Nel Corinthio metallo impreſſe ammiri:
D' antico magiſtero imagin belle
Altri talhor merauigliando miri:
Ne' marmi altri di Fidia, altri d' Apelle
Ne le tele ſuperbe il guardo giri:
Altri in ſe ſteſſo à merauiglia vniti:
E di Fidia, e d' Apelle i vanti additi.

Effigiati bronzi, e ſculti marmi
Stanchino à proua i ſecoli volanti,
Di famoſo pennel battaglie, ed armi
Sembrino à gli occhi altrui niue, e ſpiranti;
Ma cedan pure al parangon de' carmi
Fidia, Apelle, e Liſippo il pregio, e i vanti:
Arte muta ſpiegar non può de l' Alme
Gli honori, e ſol di Clio ſon queſte Palme.

Schiera d' Heroi, che sù l'arena Elea
Di fronde trionfal ſi cinſe il crine,
Onde sù l'ali degli honor parea
Poggiar de l'alte ſfere oltra il confine,
Senza l'aita de la Cetra Achea
Cedeua alfin del tempo à le rapine,
E degli Vliui, ond' ella ornò le chiome,
Fora in onda di lethe eſtinto il nome.

Muouer qual nembo à nobil corſo il piede
Sembra lo ſtuol de' giouani veloci:
Altri dal carro, al cui gouerno ſiede,
Lenta le briglie à i corridor feroci:
Fumar la fera coppia amor ſi vede,
Mentre del ſuo ſingor l'altere voci

Seconda, e de le sferze al suon gradito,
Segnando à pena il suol, messe il nitrito.
 Altri gia lenta il freno, e à tutto corso
Gia moue, e sprona il rapido Corsiero,
Quel vola, e gia di spuma è bianco il morso,
E non impresso appar d'orme il sentiero:
Altri nudo il gran petto, e l'ampio dorso
Ruota i cesti in sembiante aspro, e seuero:
Varia lutta altri ordisce: in alto spinge
Altri il Disco: à gran salto altri s'accinge.
 De' Vincitor l'inestinguibil gloria
Ne le Doriche note arde, e lampeggia
De' fulmini di guerra, onde si gloria
L'antica di Quirino augusta Reggia,
Estinta fora gia l'alta memoria,
Onde ancora nel pianto Affrica ondeggia.
Se rompendo gli indugi Euterpe, e Clio
Non togliean le bell'opre al cieco oblio.
 Somiglian qui Virtù romite, e sole
Il Dio del giorno in fosca nube auuolto.
Priuo de' pregi suoi rassembra il sole,
Se perde i rai nel luminoso volto.
Chiaro merto, il cui raggio à noi s'inuole,
Stassi in profonde tenebre sepolto:
E s'altri mai non le rauuiua, e scopre;
Sembran vil'otio alfin le nobil'opre.
 Sol di canoro Cigno à i sacri accenti
Lice di rauuiuar gli estinti honori.
Son dono de le Muse i bei concenti,
Elle spirauo in sen diuini ardori:

Ferue l'incendio, e da l'accese menti
Spieganſi eterne allhor fiamme, e fulgori:
E contra il nobil foco, e i chiari lampi
Fia che diluuio d'arme inuan s'accampi:
 Nè di cieca ignoranza oſcuro ammanto
Verrà giamai, che 'l viuo raggio appanni
Ne ſciolto in dolci note altero canto
Sarà che tema il numero degli anni.
De le Caſtalie Cetre eterno il canto
Non mai ſoggiacque à i ſecoli tiranni.
Ecco pur di Marone entro i volumi
Il Romano ſplendor n'abbaglia i lumi.
 Lo ſtuol canoro intende à gli altrui pregi,
E ne le glorie altrui le ſue ripone.
Mercè di lui le Porpore de' Regi
Fanſi eterne, e le Mitre, e le Corone.
Splender di queſte al par ne' carmi egregi
Spera indarno Alma vile, e non s'appone:
Canto, che pregi humili orni, & honore
Danno in preda à l'oblio le Dee canore.
 Tal' amor le ſue rime indarno ſpande
Cantor d'Heroi famoſi indeno, e vile,
Ma come impreſe illuſtri, e memorande
Ornan de l'altrui note il chiaro ſtile;
Coſi pur con bel cambio ad Alma grande
T'eſſe fregio nouel Cigno gentile.
Entrambi accommunando i propri honori,
Doppian le Palme allhor, doppian gli Allori.
 Vil Coruo in paragon di Cigno illuſtre
Sembra qual foſco vetro appo il diamante;

Qual presso il Lauro augusto alga palustre,
O la terra appo il Ciel chiaro, e stellante,
Qual ne rassembra il Fuco à l'Ape industre,
Al chiaro humor fangoso Rio sembiante:
Ond'è che saggio Heroe sprezzi, e discacci
Gli augei loquaci, e solo il Cigni abbracci.

Tu magnanimo ARMANDO, à cui la Cetra
Gia diede Apollo, e'lbrando il Dio de l'armi,
Tu, dal cui senno i giusti honori impetra
De le spade il valore, e quel de'carmi,
Mentre ti scorge il doppio vanto à l'Etra,
Teco m'inalzi inuer le stelle, e parmi
Che Febo al Cielo in tua virtù m'inuiti,
E diuini furori al cor m'irriti.

Odi virtù sublimini Anima ardente,
Ornamento, e splendor del Franco Impero,
Che d'ostro il crin circondi, e più la mente
D'accesa luce, e tratti acciar guerriero,
Specchio d'immobil fè viuo, e lucente,
De sacri GIGLI D'OR Campion primiero,
Tu fermo il piè ne la nimica terra
L'Aquile sfidi à formidabil guerra.

Mentre de' caui bronzi odesi il tuono,
Che gia l'Europa horribilmente assorda,
Mentra rimbonba de le trombe il suono,
Cui de le schiere il fremito s'accorda,
Se pur canori accenti vditi sono
D'armonioso carme, e d'aurea corda;
Benchè più degno canto il cor t'inuogli,
Queste mie note in lieto volto accogli.

*Tu signor la mia Clio benigno ascolta,*
*Ella, che ce qual nuouo Apollo inchina,*
*Poiche non ha la Cetra adorna, e colta,*
*Onde il canto à i tuoi merti altri auuicina,*
*E ne' concenti suoi non vede accolta*
*Armonia, qual ti dee, degna e diuina;*
*Con sembiante dimesso, e cor diuoto*
*Sua lira appende, e la ti sacra in voto.*

GIACOMO FILIPPO CAMOLA.

---

*Auec Priuilege de sa Maiesté, signé, Par le Roy en son Conseil, Conrart, & seellé du grand seau. Donné à Paris le 4. iour de Mars 1637. portant defenses à tous autres qu'à Iean Camusat d'imprimer le present* Triomphe des Muses, François, Latin & Italien, *durant l'espace de sept ans, sur les peines qui y sont contenuës.*

www.ingramcontent.com/pod-product-compliance
Lightning Source LLC
Chambersburg PA
CBHW060602050426
42451CB00011B/2039